D0758603

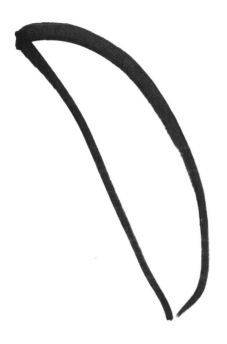

Animals That Live in the Ocean/
Animales que viven en el océano

Sea Horses/
Caballitos de mar

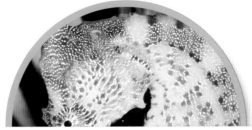

By Valerie J. Weber

Reading Consultant: Susan Nations, M.Ed.,
author/literacy coach/consultant in literacy development/

Consultora de lectura: Susan Nations, M.Ed.,
autora/tutora de alfabetización/consultora de desarrollo de lectoescritura

WEEKLY READER®
PUBLISHING

Please visit our web site at www.garethstevens.com.
For a free catalog describing our list of high-quality books,
call 1-800-542-2595 (USA) or 1-800-387-3178 (Canada).
Our fax: 1-877-542-2596

Library of Congress Cataloging-in-Publication Data

Weber, Valerie.
    (Sea horses. Spanish & English)
    Sea horses = Caballitos de mar / by/por Valerie J. Weber.
        p. cm. — (Animals that live in the ocean = Animales que viven en el océano)
    Includes bibliographical references and index.
    ISBN-10: 0-8368-9249-6   ISBN-13: 978-0-8368-9249-9 (lib. bdg.)
    ISBN-10: 0-8368-9348-4   ISBN-13: 978-0-8368-9348-9 (softcover)
    1. Sea horses—Juvenile literature. I. Title. II. Title: Caballitos de mar.
  QL638.S9W4318   2009
  597'.6798—dc22   2008016884

This edition first published in 2009 by
Weekly Reader® Books
An Imprint of Gareth Stevens Publishing
1 Reader's Digest Road
Pleasantville, NY 10570-7000 USA

Copyright © 2009 by Gareth Stevens, Inc.

Senior Managing Editor: Lisa M. Herrington
Senior Editor: Barbara Bakowski
Creative Director: Lisa Donovan
Designer: Alexandria Davis
Cover Designer: Amelia Favazza, *Studio Montage*
Photo Researcher: Diane Laska-Swanke
Translation: Tatiana Acosta and Guillermo Gutiérrez

Photo Credits: Cover, pp. 1, 7, 9, 11, 13, 15, 17, 19, 21 © SeaPics.com;
p. 5 © Kristian Sekulic/Shutterstock

Printed in the United States of America

1 2 3 4 5 6 7 8 9 10 09 08

Table of Contents

- - - - - - - - - - - -

Contenido

Boldface words appear in the glossary./
Las palabras en **negrita** aparecen en el glosario.

A Puzzling Animal

What has a head like a horse and a tail like a snake? A fish called a sea horse! Sea horses swim in warm oceans around the world.

- - - - - - - - - - - - - - -

Un animal sorprendente

¿Qué animal tiene cabeza de caballo y cola de serpiente? ¡Un pez llamado caballito de mar! Los caballitos de mar nadan en aguas cálidas de todo el mundo.

head/
cabeza

tail/
cola

5

A sea horse can be from a half inch to 1 foot long. It has a tiny **crown** on its head. Each sea horse's crown is different.

- - - - - - - - - - - - - - -

Un caballito de mar puede tener una longitud de entre media pulgada y 1 pie. En la cabeza le crece una diminuta **corona**. La corona de cada caballito de mar es diferente.

6

crown/
corona

Bony plates protect the sea horse's body. A thin layer of skin covers the bony plates. The plates look like rings around the animal's body.

--- --- --- --- --- --- --- ---

El cuerpo del caballito de mar está protegido por unas placas óseas. Las placas están recubiertas por una fina capa de piel. Las placas parecen anillos que rodean el cuerpo del animal.

plates/
placas

Sea horses' **fins** flutter like tiny fans. Sea horses look as if they are flying through the water! They swim slowly, however. A sea horse would take five minutes to swim across a bathtub.

- - - - - - - - - - - - - - -

Los caballitos de mar agitan la **aleta** como si fuera un pequeño abanico. ¡Parece como si volaran por el agua! Sin embargo, nadan lentamente. Un caballito de mar tardaría cinco minutos en atravesar a nado la tina.

fin/
aleta

Time for Dinner

A sea horse can wrap its tail around a piece of sea grass. There, the sea horse waits for its food to float past.

- - - - - - - - - - - - - - -

Hora de cenar

Un caballito de mar se agarra con la cola a una brizna de hierba marina. Allí espera a que pase flotando la comida.

Sea horses suck in their food through their mouths. Their mouths are shaped like tubes. Sea horses eat baby fish and tiny plants and animals called **plankton** (PLANK-tuhn).

- - - - - - - - - - - - - - -

Los caballitos de mar aspiran la comida por la boca. Su boca tiene forma de tubo. Los caballitos de mar comen pececitos y unas plantas y animales diminutos llamados **plancton**.

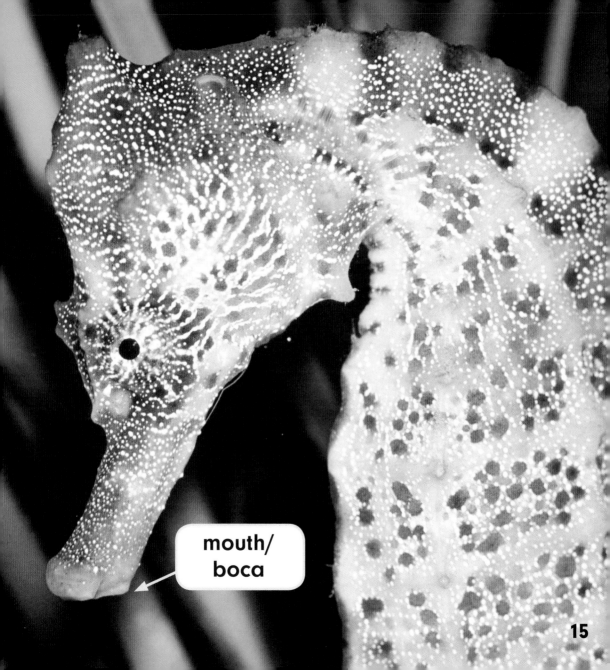

mouth/
boca

15

Sea horses come in colors from pale yellow to bright red. They can change color to match their background. That helps them hide from enemies.

Los caballitos de mar pueden ser de muchos colores, desde amarillo pálido hasta rojo intenso. Pueden cambiar de color según el medio. Eso les permite ocultarse de sus enemigos.

A Daddy and His Babies

Most female animals have babies. Among sea horses, however, the males give birth! First, a male and a female dance side by side. Then the female sea horse puts her eggs in the male's **pouch**.

- - - - - - - - - - - - - - -

Un papá y sus crías

En la mayoría de los animales, la hembra tiene las crías. Sin embargo, entre los caballitos de mar, ¡son los machos los que se encargan de eso! Primero, un macho y una hembra danzan uno junto al otro. Después, la hembra pone sus huevos en la **bolsa** del macho.

pouch/
bolsa

19

The eggs grow into tiny sea horses inside the pouch. After a few weeks, the baby sea horses come out and float away in the sea. Sea horse superdads have hundreds of babies at once!

- - - - - - - - - - - - - - -

Dentro de la bolsa, los huevos crecen hasta convertirse en pequeños caballitos de mar. Tras unas pocas semanas, las crías de caballito de mar salen y se alejan flotando en el mar. ¡Los superpapás caballitos de mar pueden tener cientos de crías de una vez!

babies/
crías

Glossary/Glosario

crown: a round piece of skin on the top of a sea horse's head

fins: wing-like body parts of fish, used for swimming and steering in water

plankton: tiny animals and plants that float in water

pouch: a pocket-like body part

– – – – – – – – – – – – – – – –

aletas: partes del cuerpo de los peces, parecidas a alas, que sirven para nadar y cambiar de dirección

bolsa: parte del cuerpo en la que se puede guardar algo

corona: trozo de piel de forma circular que un caballito de mar tiene en la parte superior de la cabeza

plancton: pequeños animales y plantas que flotan en el agua

For More Information/Más información

Books/Libros

Caballitos de Mar/Sea Horses. Carol K. Lindeen. (Compass Point Books, 2007)

What Sea Animals Eat/¿Qué comen los animales del mar? Nature's Food Chains/Las cadenas alimentarias en la naturaleza (series). Joanne Mattern (Gareth Stevens, 2007)

Web Sites/Páginas web

Monterey Bay Aquarium: Saving Seahorses in the Sea/
Acuario de la bahía de Monterey: Salvemos a los caballitos de mar
www.montereybayaquarium.org/efc/efc_se/se_ssh_sea.asp
Learn fun facts about sea horses./
Conozcan divertidos datos sobre los caballitos de mar.

Nova Online: Kingdom of the Seahorse/
Nova Online: El reino del caballito de mar
www.pbs.org/wgbh/nova/seahorse
Learn about sea horses and their babies./
Lean información sobre los caballitos de mar y sus crías.

Index/Índice

About the Author

A writer and editor for 25 years, Valerie Weber especially loves working in children's publishing. The variety of topics is endless, from weird animals to making movies. It is her privilege to try to engage children in their world through books.

Información sobre la autora

A Valerie Weber, que ha sido escritora y editora durante 25 años, le gusta sobre todo trabajar en libros infantiles. La variedad de temas es inagotable: desde insólitos animales hasta cómo se hace una película. Para ella es un privilegio tratar de interesar a los niños en el mundo por medio de sus libros.